Alice au pays des merveilles

Conte à deux mains

L'élan vert • Hurtubise HMH

Alice au pays des merveilles
d'après un conte de Lewis Carroll.
Adaptation
d'Édouard Chard-Hutchinson.

© Parramón Ediciones,
Titre original : *Alicia en el País de las Maravillas.*
Texte de Cristina Picazo
et Montserrat Llongueras.
Illustrations de Lluís Filella.

© L'Élan vert, Paris, 1999,
pour l'édition en langue française.
Dépôt légal : septembre 1999
Bibliothèque nationale.
ISBN 2-84455-029-0

Exclusivité au Canada :
© Éditions Hurtubise HMH Ltée
1815, avenue De Lorimier
Montréal (Québec)
H2K 3W6 Canada
Bibliothèque nationale du Québec
Bibliothèque nationale du Canada
ISBN 2-89428-388-1

Imprimé en UE

Alice au pays des merveilles

Sommaire

Il était une fois

une fillette nommée Alice qui, par un paisible après-midi d'été, s'était assise au bord d'une rivière en compagnie de sa sœur aînée. Alice s'ennuyait, car sa sœur lisait un livre sans images. Elle se mit alors à chercher quelque chose pour se distraire.

tac

tic, tac, tic

tic

tac

Soudain, elle vit passer un lapin blanc aux yeux roses. C'était normal, mais elle se leva d'un bond quand elle vit que le lapin portait un gilet et des gants. Il regarda sa montre et dit :

— Mon Dieu, je vais être en retard.

Et il disparut aussitôt dans un terrier qui se trouvait au pied de l'arbre.

Poussée par la curiosité, Alice le suivit sans hésiter une seconde. C'était un trou très profond et la fillette tomba dans le vide en se demandant ce qui l'attendait en bas. Dans sa chute, qui lui parut très lente, elle put voir qu'il y avait, sur les parois du puits, des armoires, des coffres et plein d'objets accrochés à des clous.

— Je me demande si je vais finir par m'arrêter un jour, se disait-elle.

Alice n'avait pas peur, mais tout cela lui semblait bien extraordinaire. Elle atterrit enfin sur un tas de feuilles sèches, sans se faire le moindre mal.

Comme c'est petit ! remarqua-t-elle. En effet, sa tête venait de toucher le plafond de la pièce.

Tout en se demandant comment sortir de là, elle trouva sur une table un flacon où elle put lire : « Buvez-moi ! ».

Alice hésita. C'était peut-être du poison, mais elle décida d'en goûter un peu. Le liquide, aux arômes variés et exquis, lui parut si délicieux qu'elle avala toute la bouteille.

Aussitôt, elle se mit à devenir toute petite.

– Comme c'est étrange, me voici plus petite qu'une chaise.

Sa petite taille lui permit de voir qu'il y avait sous la table une boîte dans laquelle elle trouva un gâteau avec une inscription à la gelée de groseilles qui disait : « Mangez-moi ! »

Oh…
la laaaaaa

Alice le mangea et
elle se mit aussitôt
à grandir. Elle grandit
tellement qu'elle ne
pouvait presque plus
voir ses pieds.
Sa situation était
difficile, car sa grande
taille l'empêchait de
sortir par la porte.
Désespérée,
elle s'assit, tant bien
que mal, par terre
et se mit à pleurer.
C'est alors que
le Lapin Blanc, celui
qu'elle avait déjà vu,
passa près d'elle.
Il était si pressé
qu'il fit tomber ses
gants et un éventail.

C'est cet éventail qui sauva Alice,
car, en l'ouvrant pour se rafraîchir,
sa taille recommença à diminuer.
Elle tomba alors dans l'océan
que ses larmes venaient de former
et regagna le rivage à la nage.

Elle regarda autour d'elle et aperçut
le Lapin Blanc qui se dépêchait
pour être à l'heure à son rendez-vous.
Alice essaya bien de le suivre, mais
elle le perdit de vue et se retrouva
au beau milieu d'une forêt.
En levant les yeux vers les arbres elle vit,
sur une branche, un gros chat qui l'observait
en souriant d'un air satisfait.

– Qui es-tu ? demanda Alice en se disant qu'elle n'avait
jamais vu de chat sourire et montrer toutes ses dents.

– Je suis un Chat de Cheshire, répondit l'animal en souriant.

– Pourrais-tu me dire comment sortir d'ici ? poursuivit Alice.

– Cela dépend de l'endroit où
tu veux aller. Si tu marches
suffisamment, tu arriveras
bien quelque part, dit le chat.

– Quelqu'un habite-t-il
près d'ici ?

Le chat indiqua, avec
sa patte, que d'un côté
habitait un Chapelier et
de l'autre, le Lièvre de Mars.

– Va voir qui tu voudras,
ils sont fous tous les deux.
Et il ajouta : ne vas-tu pas
jouer avec la Reine ?
Eh bien, nous nous
reverrons là-bas.

Et avant qu'Alice pût
répondre, il disparut
doucement. Seule l'image
de son sourire flotta
encore un instant
avant de s'effacer.

Ah, ah, ah,
ah, ah

Alice décida donc d'aller faire une visite au Lièvre de Mars qu'elle trouva dans son jardin en compagnie du Chapelier. Ils prenaient le thé en bavardant sous un arbre, installés à une très longue table. La fillette vint s'asseoir à la table qui avait été dressée pour de nombreux convives bien qu'il n'y eût personne dans les parages.

– Le combien sommes-nous aujourd'hui ? lui demanda le Chapelier qui regarda sa montre, puis se mit à la secouer avant d'y coller son oreille.

– Le quatre, répondit Alice.

– Mon Dieu ! Cette montre a deux jours de retard ! Je t'avais bien dit qu'avec du beurre ça ne marcherait pas ! s'exclama le Chapelier qui s'adressait au Lièvre de Mars.

Après l'avoir regardée, Alice dit que la montre du Chapelier indiquait les jours et que c'était rare.

– Est-ce que la tienne indique les années ? Bon, eh bien la mienne non plus.

Il se mit ensuite à discuter avec le lièvre d'un grand nombre de sujets absurdes auxquels Alice ne comprenait rien. Elle se souvint alors de son rendez-vous avec le Chat de Cheshire et décida d'aller jouer au croquet avec la Reine.

Dans la forêt, un sentier la conduisit à un autre jardin où trois jardiniers peignaient en rouge les roses blanches d'un rosier.

Oui, non, non oui oui

Les jardiniers avaient une forme allongée et aplatie. Ils s'appelaient entre eux Cinq, Deux ou bien Sept. Ils s'accusaient mutuellement d'avoir raté la couleur des roses et disaient que si la Reine s'en apercevait, elle leur ferait couper la tête.

Tariiii, tari, tariii

Alice entendit des cris :

– La Reine ! La Reine !
Aussitôt, les trois jardiniers se
prosternèrent face contre terre.

C'est alors qu'apparut
la Reine de Cœur, accompagnée
d'une suite formée par
toutes les cartes du jeu.
Alice se présenta et la Reine
lui demanda si elle savait
jouer au croquet.

Aïe, aïe, aïe aïe aïïeee...

La fillette répondit qu'elle savait y jouer. Mais au moment de commencer, elle s'aperçut que le terrain de jeu était plein de trous et que c'étaient des hérissons vivants qui servaient de boules. Quant aux maillets, il s'agissait de flamants roses vivants eux aussi. Impossible de jouer, les hérissons n'arrêtaient pas de s'échapper et la Reine de crier : « Qu'on lui coupe la tête ! » chaque fois que quelqu'un interrompait le jeu.

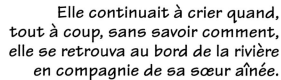

À la fin, ce fut le tour d'Alice. Elle décida alors de fuir à toutes jambes pendant que la garde royale se lançait à sa poursuite.
– Au secours, au secours ! se mit à crier Alice qui regrettait bien de s'être aventurée dans le terrier à la poursuite du Lapin Blanc.

Elle continuait à crier quand, tout à coup, sans savoir comment, elle se retrouva au bord de la rivière en compagnie de sa sœur aînée.

– Réveille-toi, ma chère Alice, lui dit sa sœur, voilà déjà un bon moment que tu dors.

– Oh, je viens de faire un rêve bien curieux. Elle lui raconta alors toutes ses étranges aventures.

– C'est un rêve des plus bizarres, mais c'est l'heure de rentrer pour goûter.

Alice courut vers la maison. En chemin, elle n'arrêtait pas de penser au rêve merveilleux qu'elle venait de faire et se demandait si un jour elle pourrait retourner visiter le Pays des Merveilles.

La cravate du lapin

Je crois que cela va faire plaisir à mon ami le lapin.

Matériel

Carton mince, crayon, stylo à bille, feuilles de caoutchouc de couleur, colle caoutchouc, paire de ciseaux et élastique à chapeau.

NIVEAU

Le petit plus

La cravate peut faire partie d'un déguisement. Si tu as du mal à te procurer du caoutchouc, remplace-le par un morceau de toile cirée. Le travail des vêtements éveille l'enfant à la perception du monde qui l'entoure et au sens de l'utilité des objets.

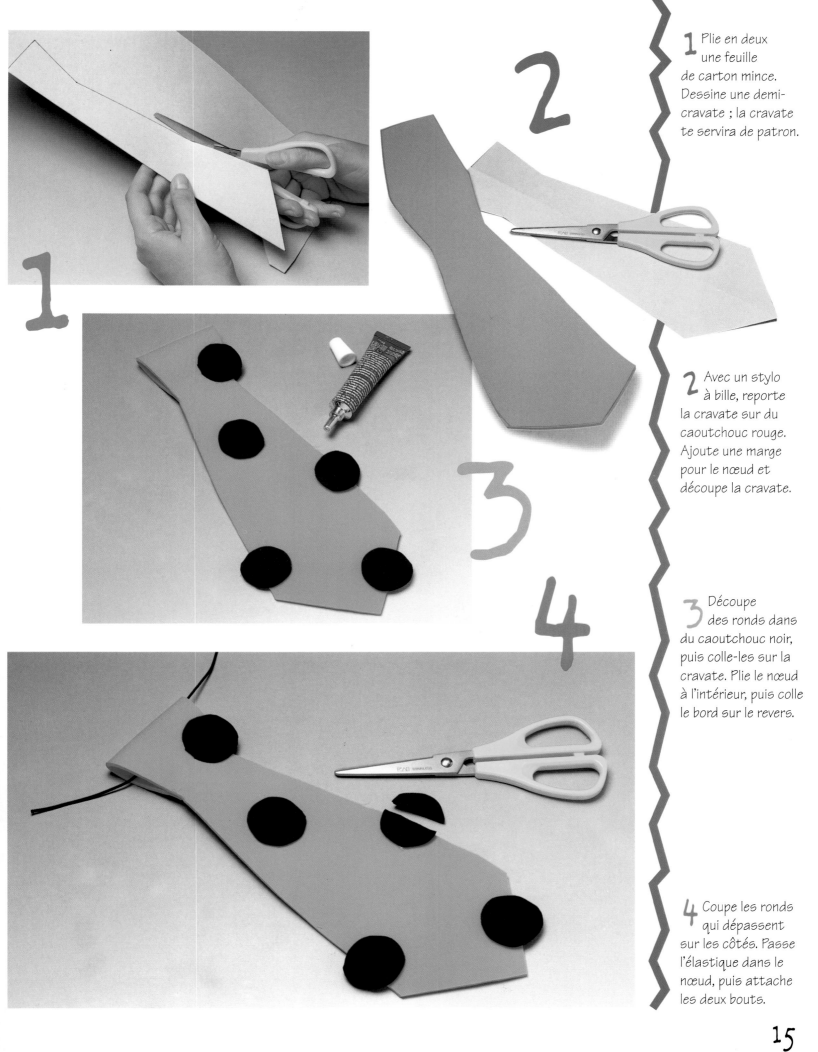

1 Plie en deux une feuille de carton mince. Dessine une demi-cravate ; la cravate te servira de patron.

2 Avec un stylo à bille, reporte la cravate sur du caoutchouc rouge. Ajoute une marge pour le nœud et découpe la cravate.

3 Découpe des ronds dans du caoutchouc noir, puis colle-les sur la cravate. Plie le nœud à l'intérieur, puis colle le bord sur le revers.

4 Coupe les ronds qui dépassent sur les côtés. Passe l'élastique dans le nœud, puis attache les deux bouts.

Mon conte illustré d'Alice

Hi, hi, hi, ce conte est aussi mince que moi.

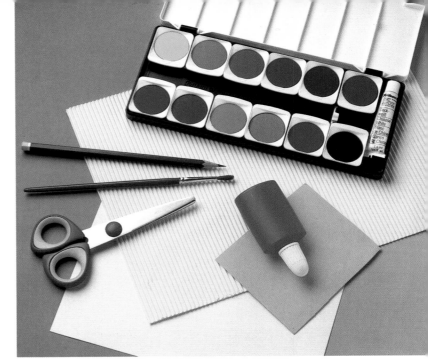

Matériel

Cartons minces orange et crème, carton ondulé, paire de ciseaux, crayon, pinceau, gouache et colle blanche.

NIVEAU

Le petit plus

Il faut que les ondulations du carton soient parallèles au dos du livre. Pour organiser un ensemble d'images, l'enfant doit mettre en œuvre des critères de sélection et d'ordre pour donner au conte sa cohérence.

1 Découpe deux bandes de carton mince de même dimension. Plie-les en accordéon, puis colle-les ensemble en les faisant se chevaucher légèrement.

2 Découpe une bande de carton ondulé dont la longueur sera égale à trois fois la largeur du carton plié. Ajoute une marge tout autour.

3 Plie le carton ondulé en trois et découpe une fenêtre au milieu. Reporte la fenêtre sur du carton et découpe-la après avoir laissé une marge de 0,5 cm autour. Colle ce rectangle sur le carton ondulé.

4 Colle le dernier pli de l'accordéon à l'intérieur de l'une des couvertures et fais sécher sous une pile de livres.

5 Enfin, dessine l'histoire d'Alice à l'intérieur du livre.

17

La montre du lapin

Je ne sais pas si cette montre est bien à l'heure.

Matériel

Carton ondulé de couleur, paire de ciseaux, colle, perforatrice, assiette en carton, morceaux de papier de soie, pinceau, vernis acrylique, pinces à linge, pâte à modeler de couleur, poinçon et attaches parisiennes.

NIVEAU

Le petit plus

Les éléments du remontoir et de l'anneau peuvent être remplacés par un bout de ficelle collé sur du papier. Ce travail convient à de jeunes enfants auxquels on apprend les chiffres et la lecture des heures.

18

1 Découpe les aiguilles, le remontoir et l'anneau dans du carton ondulé. Perfore l'extrémité des aiguilles.

2 Tapisse une assiette en carton avec du vernis et des morceaux de papier de soie.

3 Colle l'anneau et le remontoir en les pliant à l'intérieur. Quand c'est sec, colle-les à l'arrière de la montre, maintiens-les avec des pinces à linge.

4 Fais de petits rouleaux de pâte à modeler avec lesquels tu écriras les chiffres. Ils tiendront avec du vernis. Roule ensuite un long boudin que tu colleras avec du vernis autour de la montre.

5 Perce le centre de l'assiette avec le poinçon et fais tenir les aiguilles avec une attache parisienne.

Un hérisson multicolore

Miaou !
Ce hérisson
a l'air appétissant !

Matériel

Terre glaise, cure-dents
rond, gouache, pinceau,
colle, carreau de faïence,
paire de ciseaux,
et cure-pipes.

NIVEAU

Le petit plus

Lorsque tu fais un trou dans de la terre glaise humide pour y introduire quelque chose, pense à faire une ouverture un peu plus grande, car en séchant la terre se rétracte. Avant de faire un animal, il est bon que l'enfant connaisse ses caractéristiques.

1 Fais une boule de terre glaise et façonne-la pour faire apparaître le museau du hérisson.

2 Avant que ce soit sec, fais des trous avec le cure-dents pour pouvoir, par la suite, placer les piquants.

3 Peins le hérisson et décore-le selon ton goût. Tu peux le vernir si tu veux.

4 Coupe des bouts de cure-pipes de même longueur. Introduis-les dans les trous, avec un peu de colle, après les avoir pliés en deux.

21

L'éventail de la Reine

Matériel

Carton ondulé rouge, papier de soie de couleur, vernis acrylique, paire de ciseaux, crayon feutre noir, colle blanche et pinceau.

NIVEAU

Le petit plus

Cette technique avec du papier de soie peut te permettre de décorer ta salle de classe à Noël. Les guirlandes ou les étoiles ainsi confectionnées donneront aux fenêtres une transparence colorée. Le cœur, placé au centre, protège le papier de soie qui est fragile malgré le vernis.

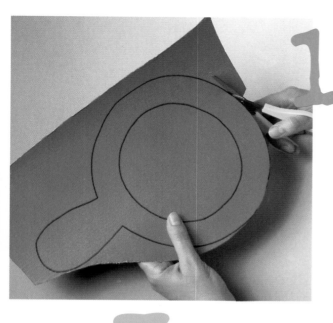

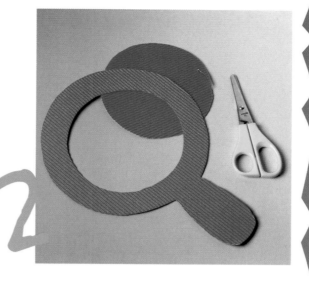

1 Dessine, sur la partie lisse du carton ondulé, deux cercles concentriques, avec un manche.

2 Découpe-les et évide les parties centrales.

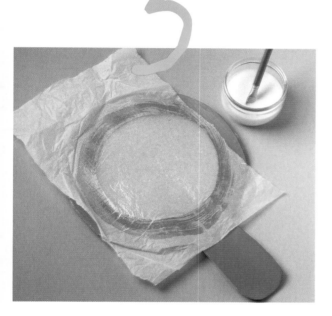

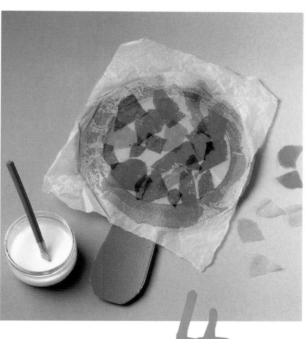

3 Sur la face lisse d'une des parties, colle, avec du vernis, un morceau de papier de soie blanc, puis vernis l'ensemble.

4 Le vernis sec, colle, sur le papier de soie blanc, des fragments de papier de couleur. Laisse sécher, puis colle dessus une feuille de papier de soie blanc avec du vernis de façon à tout recouvrir.

5 Une fois sec, colle par-dessus la partie de l'éventail qui te reste. Coupe le papier de soie qui dépasse.

6 Découpe deux cœurs et colle-les au centre, un de chaque côté.

23

Le flacon d'Alice

Je vais boire tout le flacon, comme ça je deviendrai toute petite.

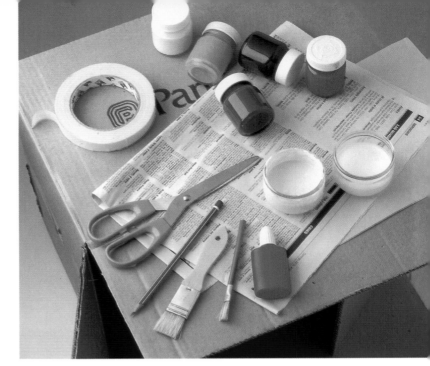

Matériel

Carton mince, paire de ciseaux, crayon, grande boîte en carton, ruban adhésif, pinceau, papier journal, colle blanche, enduit en poudre, gouache et vernis acrylique.

NIVEAU

Le petit plus

La forme du flacon doit être la plus simple possible pour un montage sans difficulté. Tu peux le décorer avec de jolies fleurs en papier. Ce travail permet d'obtenir des résultats spectaculaires à partir de matériaux recyclés.

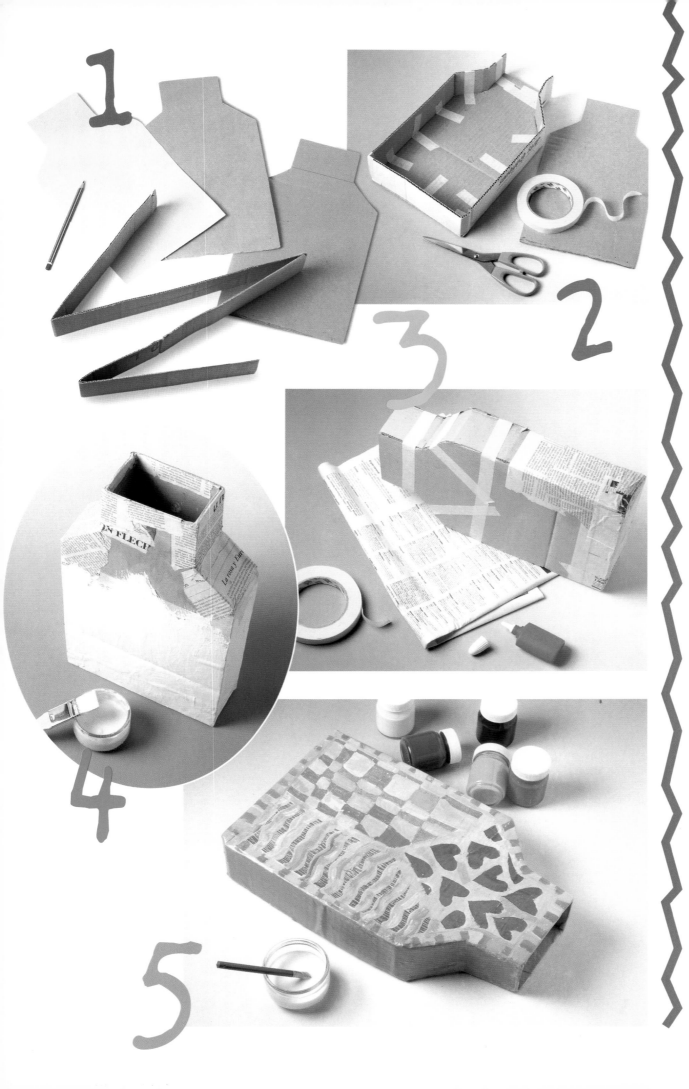

1 Sur du carton mince, dessine la forme d'un flacon et découpe un patron que tu reporteras deux fois sur les côtés d'une boîte en carton. Découpe une bande de carton pas trop large et assez longue pour faire le tour du flacon.

2 Assemble, avec du ruban adhésif, les deux faces du flacon à la bande. Ensuite, consolide l'ensemble avec des bandes de papier journal et de la colle blanche.

3 Prépare une pâte liquide avec l'enduit en poudre auquel tu ajoutes autant d'eau que de colle blanche. Enduis tout le flacon.

4 Quand c'est sec, décore-le avec de la gouache.

5 Pour finir, vernis ton flacon !

La couronne de la Reine

Matériel

Carton mince blanc, peinture pour verre, ruban à masquer adhésif, éponge, gouache violette, crayon feutre noir, paire de ciseaux, crayon, papier aluminium, colle et pinceau.

NIVEAU

Le petit plus

Les enfants peuvent inscrire leur nom au crayon feutre de couleur dans la bande blanche de la couronne. L'utilisation de la peinture pour verre est délicate, il faut être vigilant.

26

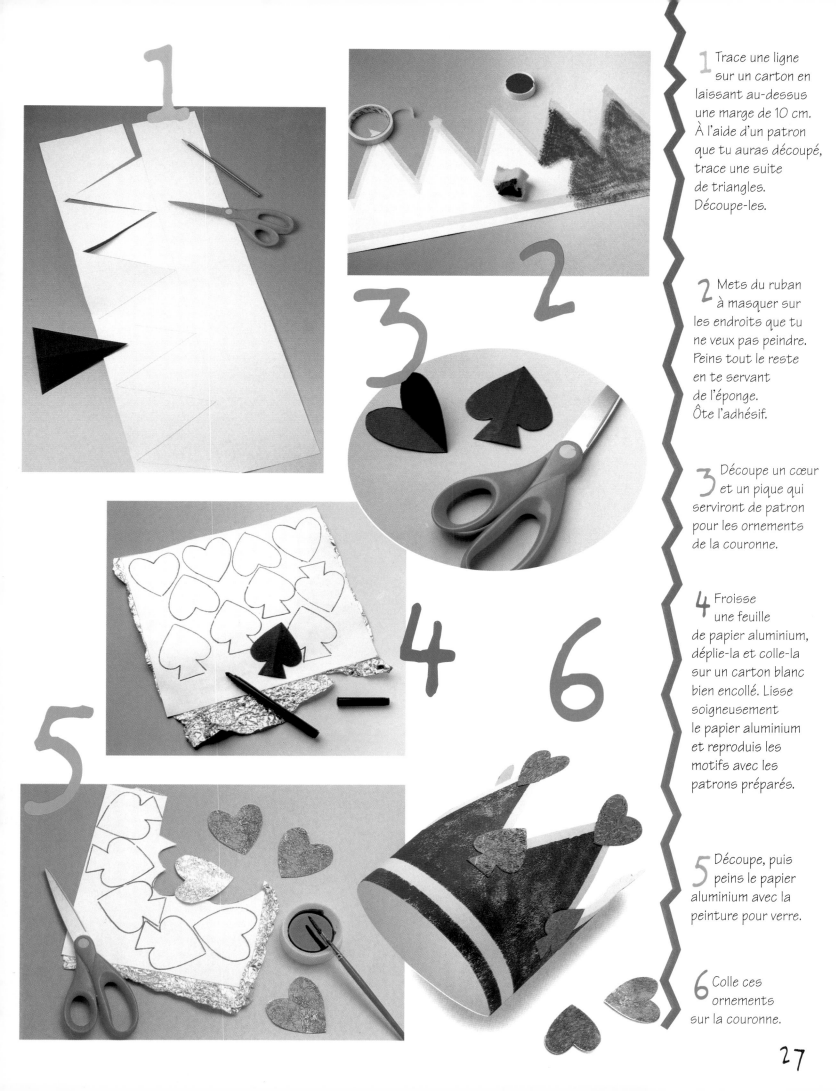

1 Trace une ligne sur un carton en laissant au-dessus une marge de 10 cm. À l'aide d'un patron que tu auras découpé, trace une suite de triangles. Découpe-les.

2 Mets du ruban à masquer sur les endroits que tu ne veux pas peindre. Peins tout le reste en te servant de l'éponge. Ôte l'adhésif.

3 Découpe un cœur et un pique qui serviront de patron pour les ornements de la couronne.

4 Froisse une feuille de papier aluminium, déplie-la et colle-la sur un carton blanc bien encollé. Lisse soigneusement le papier aluminium et reproduis les motifs avec les patrons préparés.

5 Découpe, puis peins le papier aluminium avec la peinture pour verre.

6 Colle ces ornements sur la couronne.

27

La rose de la Reine

Elle est aussi belle que celles de mon jardin.

Matériel

Baguette de bois ronde, pâte à modeler rouge et verte, peinture, pinceaux, vernis acrylique et tissu.

NIVEAU

Le petit plus

La pâte à modeler est un bon support pour peindre des objets fins. Observe bien les roses pour que celles que tu fais en pâte à modeler soient proches de la réalité.

28

1 Fais un rouleau de pâte à modeler rouge. Aplatis-le sur un tissu pour que ça ne colle pas à la table.

2 Peins en vert la baguette et fais-la sécher plantée dans un morceau de pâte à modeler.

3 Mets de la colle à un bout de la baguette et enroule la pâte à modeler autour. Tu dois bien serrer au début et de moins en moins vers la fin.

4 La pâte à modeler doit être serrée à la base pour que ça tienne. Fais de petits rouleaux de pâte à modeler verte, aplatis-les et place-les autour de la rose.

5 Pour durcir la fleur, vernis-la tout entière.

29

Un flamant marque-page

Voilà qui me sera très utile !

Matériel

Cartons minces de couleur, cordon ou ruban, colle blanche, pinceau, pinces à linge, perles, fil de nylon, papier calque, crayon feutre noir et vernis acrylique.

NIVEAU

Le petit plus

Les perles doivent être assez grosses, pour être plus faciles à enfiler. L'usage d'un signet évitera à l'enfant de plier les pages et d'abîmer ses livres.

30

1 Dessine
un flamant
ou un autre sujet
qui te plaît.

2 Reporte-le
sur du carton
de couleur claire
et découpe-le.

3 Colle-le sur
un carton
plus sombre
et découpe-le
en laissant
une petite marge
autour. Avant
de coller, introduis
un cordon ou
un ruban, à la
place de la queue.

4 Découpe l'aile,
puis dessine les
détails au marqueur.

5 Enfile dix
perles sur un
fil de nylon et fais
plusieurs nœuds
pour que ça tienne.

6 Il ne te reste
plus qu'à nouer
les perles à l'extrémité
du cordon. Tu peux
vernir le dessin.

Ah, ah, ah, avec mes chapeaux et ce lapin, je vais pouvoir faire des tours de magie.

Le lapin blanc

Matériel

Boule de polystyrène, baguette de bois ronde, carton mince noir, sable, pâte à modeler qui durcit à l'air, gouache blanche, pinceau, aiguille et fil, tissu, entonnoir, colle caoutchouc, paire de ciseaux et crayon feutre noir.

NIVEAU

Le petit plus

Le sel peut remplacer le sable, car il est assez lourd. Il est bon d'enseigner quelques notions de couture. Ici les points devront être très petits pour éviter que le sel ne s'échappe.

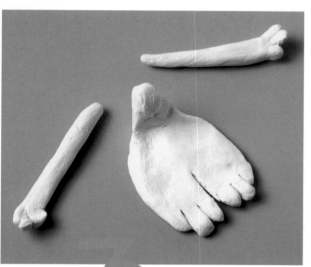

1 Coupe un bout de baguette de 7 cm, enfonce-la dans la boule de polystyrène et commence à la recouvrir de pâte.

2 Avec de la pâte, modèle le museau, et place les oreilles.

3 Fais deux rouleaux. Coupe les extrémités avec les ciseaux pour faire les doigts. Fabrique les pieds à partir d'un rouleau bien aplati et fendu au milieu.

4 Dessine un patron pour le corps, mets-le sur le tissu pour tracer les contours en le fixant avec des épingles, puis découpe-le. Recommence. Avec un bout de tissu d'une autre couleur, fais une cravate.

5 Couds les deux morceaux de tissu et remplis le corps de sable avec l'entonnoir. Colle la tête, les jambes et les bras que tu auras peints. Noue la cravate.

33

Le chat magique

Mais qu'est-ce qu'il est mignon mon petit chat !

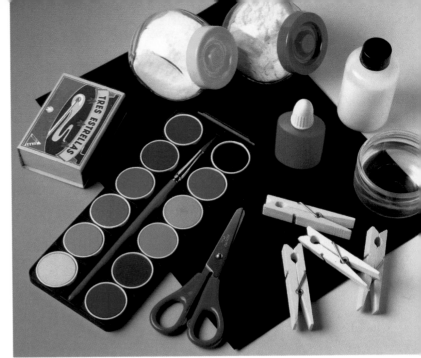

Matériel

Grande boîte d'allumettes, farine, sel, eau, gouache, pinceau, carton mince noir, pinces à linge, colle blanche, paire de ciseaux et vernis acrylique.

NIVEAU

Le petit plus

Si le carton de la boîte d'allumettes est trop souple et si le chat ne sort pas facilement, colle un carton sur la base pour la renforcer et rogne les bords. Il faut que le dessin sur la boîte soit bien symétrique, car on fait tourner la boîte pour réaliser le tour.

34

1 Pétris, avec de l'eau, une quantité égale de sel et de farine ; c'est prêt quand la pâte ne colle plus aux doigts. Modèle la moitié supérieure du chat en veillant qu'elle n'occupe que la moitié de la boîte d'allumettes.

2 Demande à un adulte de la mettre au four pendant 45 minutes à une température peu élevée. Quand c'est sec, peins-la à la gouache.

3 Découpe dans du carton mince noir, la séparation que tu mettras à l'intérieur.

4 Colle-la au milieu de la boîte. Laisse sécher avec des pinces.

5 Peins la boîte en noir et, quand c'est sec, décore-la, puis vernis-la. Colle le chat à l'intérieur de la boîte. Abracadabra ! Il y a un chat et maintenant il n'y en a plus !

35

Le gâteau d'Alice

Joyeux anniversaire, joyeux anniversaire...

NIVEAU

Matériel

Papier journal, saladier, ruban à masquer adhésif, enduit en poudre, colle, pâte à modeler de couleur, moules à gâteaux, bouteille, presse-ail, vernis acrylique et bougies.

Le petit plus

S i on fait un gâteau de grandes dimensions, il peut être décoré par toute la classe. On peut y cacher une surprise. Par le modelage, l'enfant apprend à connaître, en les manipulant, les différents matériaux qu'il peut trouver dans son environnement.

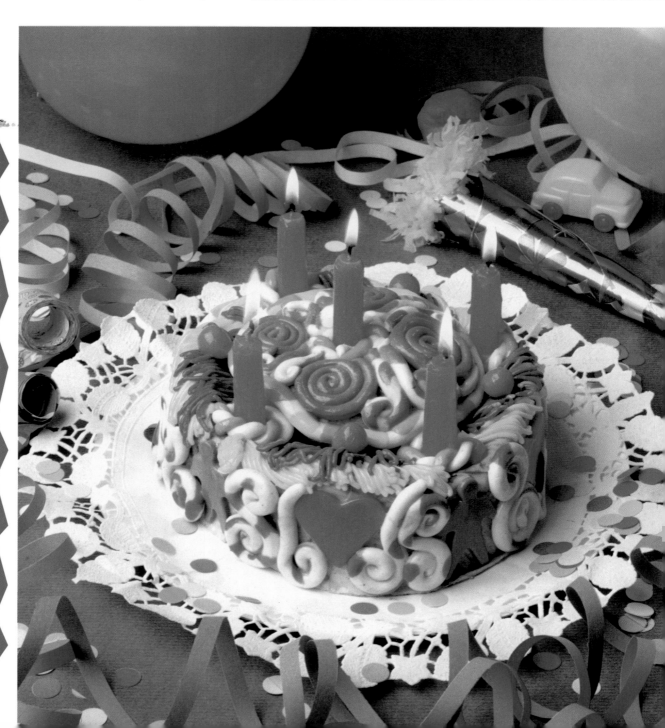

1 Mélange de la colle cellulosique à de l'eau. Le mélange doit être épais. Étale la colle sur une feuille de journal, pose dessus une autre feuille. Recommence pour avoir quatre feuilles de journal collées ensemble.

2 Dispose-les à l'intérieur du saladier. Appuie bien pour que le papier en épouse la forme.

3 Quand c'est sec, retire le saladier et coupe ce qui dépasse.

4 Roule en rond une feuille de papier journal. Fixe-la sur le gâteau avec le ruban adhésif.

5 Mélange de l'enduit en poudre avec de la colle blanche et de l'eau pour enduire tout le gâteau.

6 Pendant que ça sèche, prépare les décorations en pâte à modeler. Aplatis la pâte avec une bouteille, puis découpe des motifs à l'aide des moules à biscuits. Fais des spaghettis avec le presse-ail…

7 Pour faire le support des bougies, vernis des rouleaux de différentes couleurs. Vérifie que l'orifice central est assez grand.

J'espère que le gâteau n'est pas brûlé ; le temps de cuisson est dépassé !

38

8 Colle avec du vernis les motifs en pâte à modeler ainsi que tous les éléments que tu as façonnés.

9 Vernis le gâteau entièrement, laisse-le sécher. Mets les bougies aux endroits prévus.

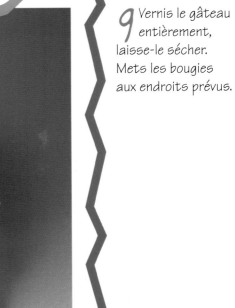

10 Place le gâteau sur un plateau recouvert de dentelle de papier. Il ne reste plus qu'à allumer les bougies.

Jeu d'adresse dans la forêt

Je vais faire de sacrées parties avec ce lapin !

Matériel

Plateau en carton rectangulaire, carton ondulé, carton mince blanc, papier de soie de couleur, six cylindres de diamètres différents, colle blanche, pinceaux, ruban adhésif, pinces à linge, poinçon, vernis et crayon, gouache magenta.

NIVEAU

Le petit plus

C'est un travail un peu long pour être réalisé individuellement. Il peut être fait en groupe en répartissant les tâches. Le jeu : les enfants lanceront cinq billes, à une certaine distance, dans les trous aménagés dans la forêt.

40

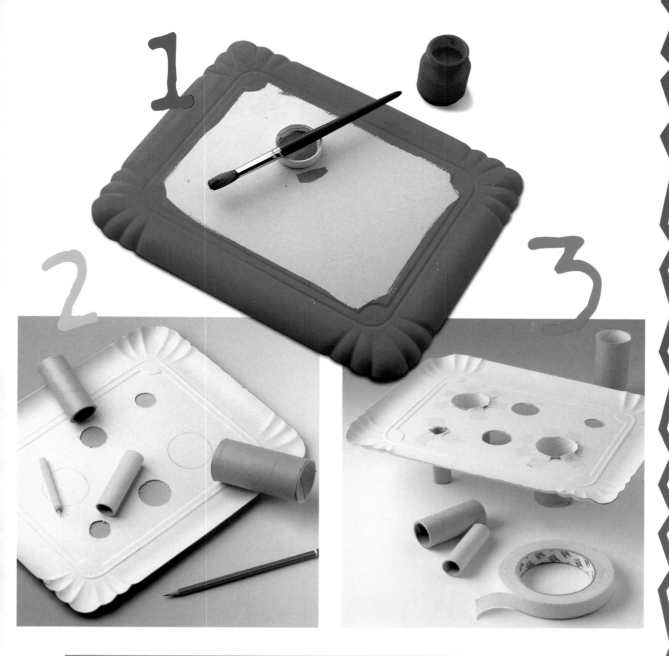

1 Peins les bords au dos du plateau avec de la gouache de couleur magenta.

2 Sur le plateau, trace six cercles correspondant aux différents diamètres des cylindres, puis évide-les avec un poinçon.

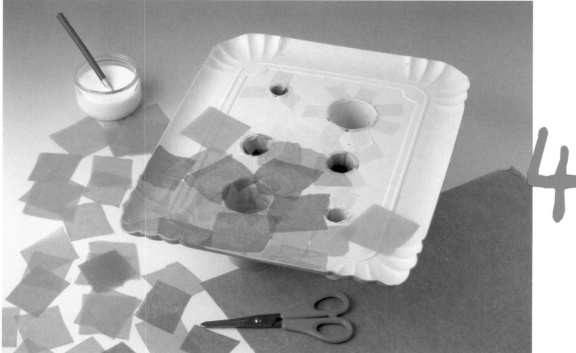

3 Place les cylindres à l'intérieur des trous, maintiens-les avec du ruban adhésif.

4 Tapisse la surface du plateau et le bord des trous, avec des morceaux de papier de soie et du vernis. Une fois secs, les cylindres tiendront mieux.

41

5 Découpe des bandes de carton ondulé d'une largeur égale à la hauteur des cylindres. Colle-les deux par deux du côté lisse. Fais de même avec des bandes plus étroites et découpe-les en forme de barrière.

6 Colle au dos du plateau la bande qui doit cacher les cylindres et dessus, l'autre bande.

7 Découpe des bandes de carton et enroule-les pour faire les troncs d'arbre.

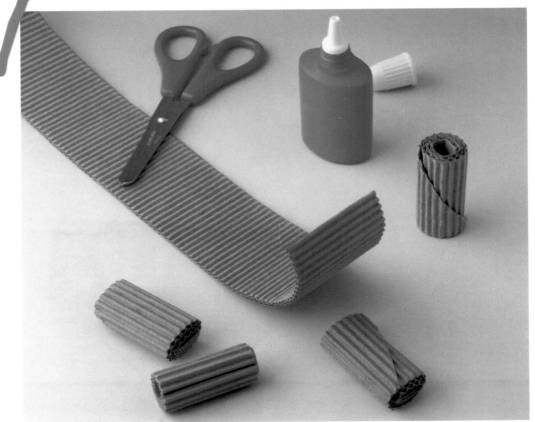

8 Façonne le feuillage des arbres avec du carton mince blanc, toujours deux par deux. Donne-leur du volume, avec des fragments de papier de soie, que tu colleras sur le carton après les avoir enroulés sur la pointe d'un crayon. Quand c'est sec, assemble les deux parties et le tronc avec de la colle.

9 Place, suivant la même technique, des obstacles rouges et verts. Découpe les chiffres pour l'attribution des points selon les difficultés.

10 Colle les chiffres ainsi que les arbres où tu jugeras bon de les mettre.

Aïe ! Je crois que je suis tombée dans un des trous !

43

Le manège des cartes

Ah, ah, ah, je lui fais tourner la tête.

Matériel

Six cartes à jouer, cure-pipes, colle, pinceaux, 3 boules de polystyrène, gouache, peinture acrylique, raphia, pâte à modeler, petit pot, plâtre, baguette de bois ronde, ruban isolant, assiette en carton, paire de ciseaux, vernis acrylique, ruban de satin et pinces à linge.

NIVEAU

Le petit plus

La longueur de la baguette ne doit pas être inférieure au périmètre de l'assiette en carton. Il s'agit d'un long travail, il est donc conseillé de le réaliser conjointement à un autre. Il est intéressant d'assembler des matériaux variés et d'éveiller la curiosité des enfants quant au résultat de leur travail.

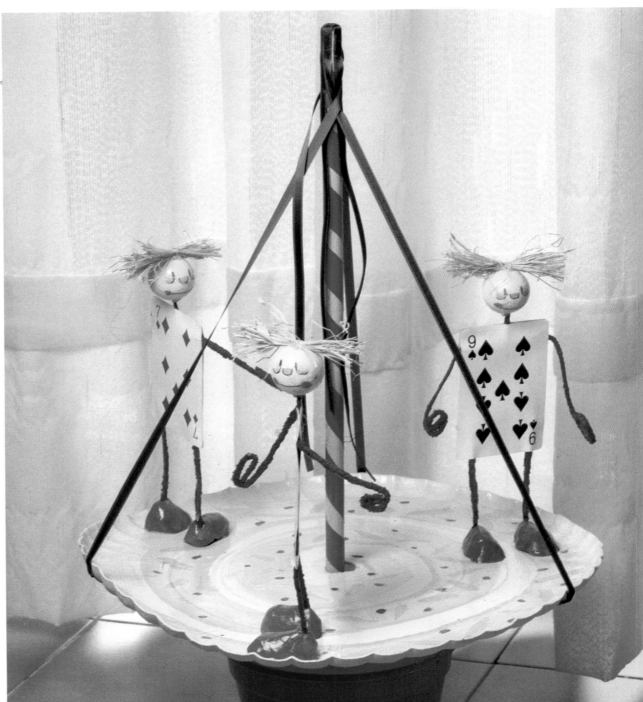

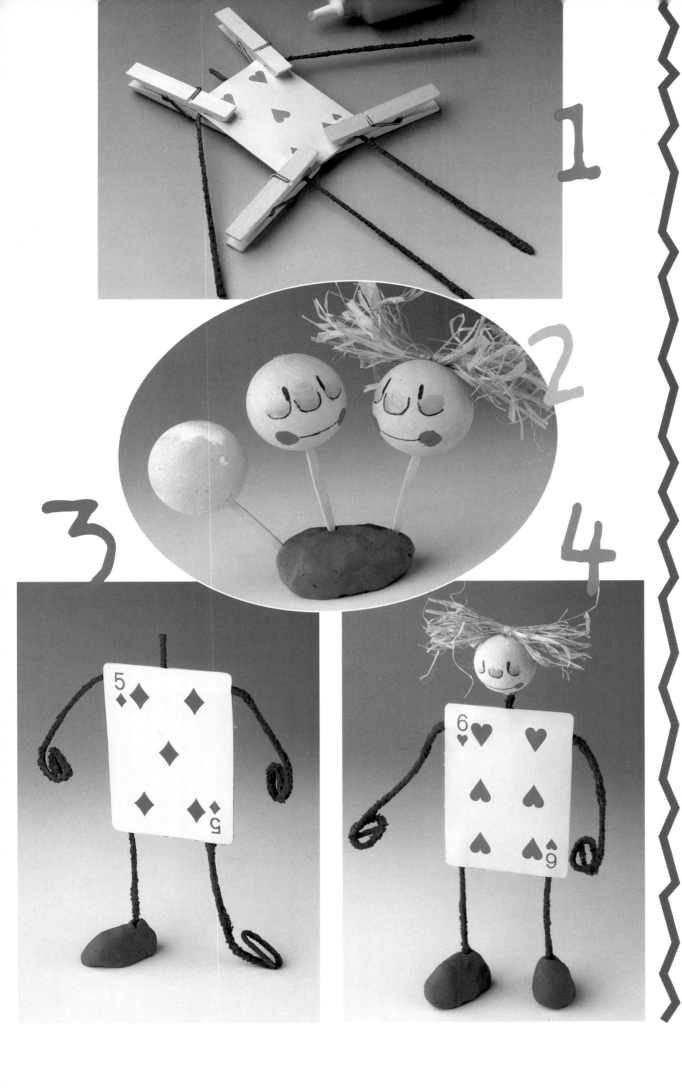

1 Au dos d'une carte, colle deux cure-pipes pour les jambes, deux pour les bras et un bout plus court à la place du cou.
Colle une autre carte par-dessus, sans dépasser. Fais sécher en pressant les cartes avec des pinces.

2 Pour les têtes, peins les boules de polystyrène avec de la peinture acrylique. Avec de la colle blanche, fixe sur les boules des touffes de raphia nouées au milieu en guise de cheveux. Pique les boules sur des cure-dents pour les travailler plus facilement. Fais-les sécher, plantées sur de la pâte à modeler.

3 Plie les extrémités des cure-pipes pour faire les mains et les pieds. Recouvre ces derniers avec des boules de pâte à modeler pour imiter les chaussures.

4 Fixe les têtes sur les corps en mettant un point de colle sur le cure-pipes et en l'introduisant dans la boule de polystyrène.

5 Mélange dans un récipient, du plâtre avec de l'eau jusqu'à saturation. Verse le mélange dans un pot de fleurs dont tu auras bouché le trou du fond avec de la pâte à modeler. Dès que le plâtre commence à prendre, plante profondément, au centre du pot, la baguette qui sera maintenue jusqu'à la solidification du plâtre. Enroule de l'isolant autour de la baguette pour la décorer.

6 Perce le centre de l'assiette avec les ciseaux.

7 Décore l'assiette à la gouache.

Laisse-moi tranquille, et retourne à ton manège.

46

8 Coupe trois rubans dont la longueur doit être le double de celle de la baguette et colle-les sur le rebord inférieur de l'assiette. Ils sécheront maintenus par des pinces. Colle les personnages dans les espaces entre les rubans. Vernis l'ensemble.

9 Quand c'est sec, introduis la baguette dans le trou de l'assiette et colle les rubans à son extrémité, de telle sorte que le pot ne touche pas l'assiette. Laisse-les sécher tenus par des pinces. Fais tourner l'assiette et les cartes feront un tour de manège !

47

Table des durées et des niveaux

NIVEAUX DE DIFFICULTÉ	TRAVAUX	DURÉES	ÂGES
	La cravate du lapin	1 heure	à partir de 5 ans
	Mon conte illustré d'Alice	1,5 heure	à partir de 5 ans
	La montre du lapin	2 heures	à partir de 5 ans
	Un hérisson multicolore	2 heures	à partir de 5 ans
	L'éventail de la Reine	3 heures	à partir de 5 ans
	Le flacon d'Alice	3 heures	à partir de 7 ans
	La couronne de la Reine	2 heures	à partir de 6 ans
	La rose de la Reine	2 heures	à partir de 6 ans
	Un flamant marque-page	2 heures	à partir de 7 ans
	Le lapin blanc	3 heures	à partir de 8 ans
	Le chat magique	2 heures	à partir de 7 ans
	Le gâteau d'Alice	3 heures	à partir de 5 ans
	Jeu d'adresse dans la forêt	4 heures	à partir de 8 ans
	Le manège des cartes	6 heures	à partir de 8 ans

 ASSEZ DIFFICILE   FACILE   TRÈS FACILE